www.ingramcontent.com/pod-product-compliance
Lightning Source LLC
Chambersburg PA
CBHW042032100526
44587CB00029B/4388
* 9 7 8 1 7 3 5 5 4 8 4 6 3 *

madrassa
— online —

J'apprends à lire l'Arabe

مفتاح العلم، تعليم القراءة

Soulayman de Kerdoret

سليمان دو كيردوريه

An imprint of Madrassa online LLC
Madrassa-online.com

Toute réprésentation ou reproduction intégrale ou partielle faite sans le consentement de l'auteur ou de ses ayants droit ou ayants cause est illicite. Le droit de la propriété intelectuelle n'autorise que les copies ou reproductions strictement réservées à l'usage privé du copiste et non destinées à une utilisation collective, et d'autre part les analyses et citations dans un but d'exemple et d'illustration.

Tous droits réservés, Soulayman de Kerdoret.

ISBN 9781735548463
Première édition : 2021

حقوق الطبعة محفوظة للمؤلف

الطبعة الأولى ١٤٤٢هـ - ٢٠٢١م

Retrouvez nous sur notre page BONUS

https://madrassa-online.com/fr/bonus/

بسم الله الرحمن الرحيم

المقدمة

إن الحمد لله، نحمده ونستعينه، ونتوب إليه، ونعوذ بالله من شرور أنفسنا ومن سيئات أعمالنا، من يهده الله فلا مضل له، ومن يضلل فلا هادي له، وأشهد أن لا إله إلا الله، وحده لا شريك له، وأشهد أن محمدا عبده ورسوله، صلى الله عليه وعلى آله وأصحابه، ومن تبعهم بإحسان إلى يوم الدين وسلم تسليما.

أم بعد:

فهذا الكتاب (مفتاح العلم تعليم القراءة) للمبتدئين في تعليم اللغة العربية حتى تنتشر اللغة في العالم ويسير المسلمون في طريق طلب العلم. وسميته باللغة الفرنسية J'apprends à lire l'Arabe

أسأل الله العظيم، رب العرش العظيم، أن يجعل عملنا جميعا خالصا لوجهه، موافقا لمرضاته، نافعا لعباده، إنه جواد كريم.

سليمان دو كيردوريه
مدير «مدرسة اون لاين»
مركز اللغة العربية عن بعد لغير الناطقين بها

Instructions

Pour apprendre à prononcer les lettres de l'alphabet Arabe correctement, vous avez besoin de l'aide d'un professeur, ou de quelqu'un de suffisamment pédagogue et savant dans ce domaine.

Apprendre seul n'est pas souhaitable car l'étudiant à souvent des erreurs dont il a n'a pas conscience.

La méthode d'apprentissage de ce livre est basée sur l'écoute et la répétition. Le professeur doit suivre les consignes parfaitement.

Pourquoi n'y a t-il pas d'instructions en français ?

La méthode d'apprentissage de ce livre est basée sur l'écoute et la répétition.
Vous devez simplement suivre les instructions de votre professeur.
Vous trouverez certainement des éléments d'aide sur notre page bonus.

Retrouvez nous sur notre page BONUS

https://madrassa-online.com/fr/bonus/

الحُرُوفُ العَرَبِيَّةُ مُوَزَّعَةٌ عَلَى مَخَارِجِهَا

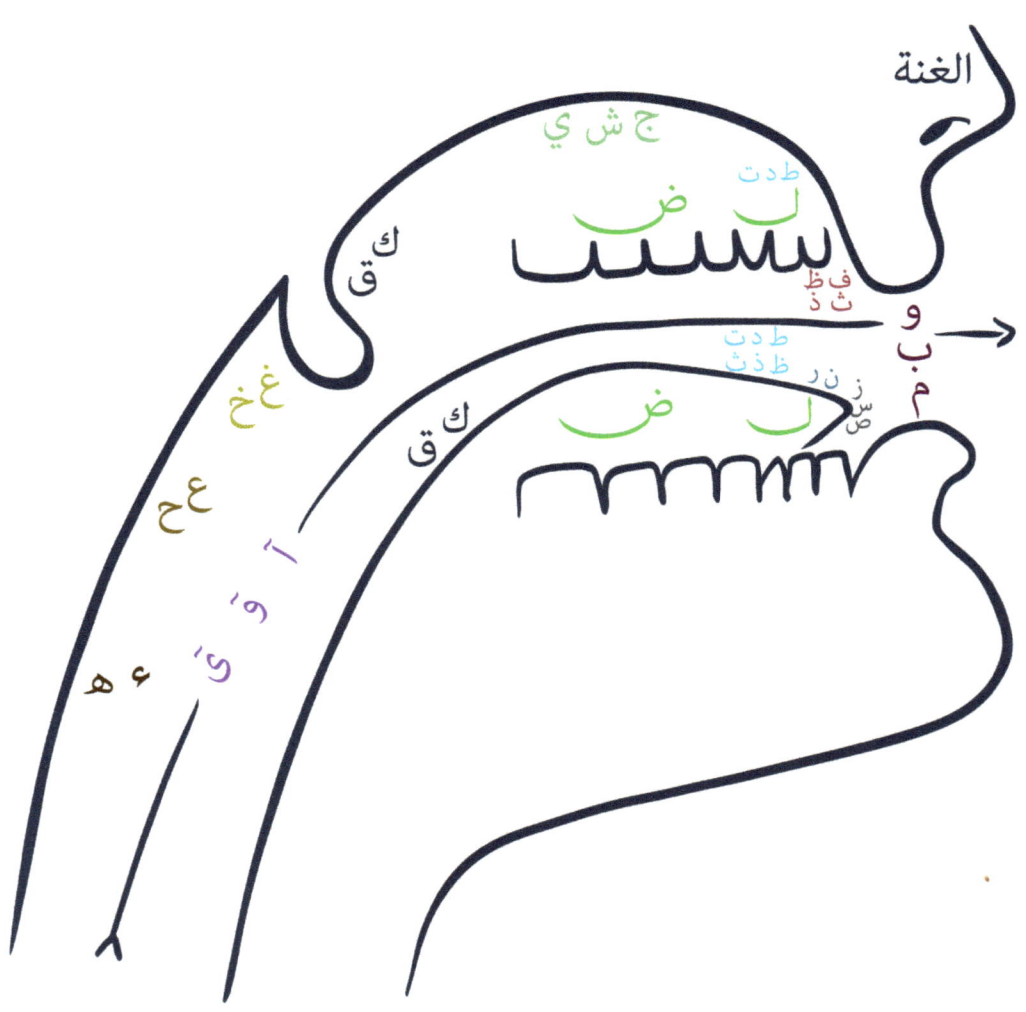

ء ه

ع ح

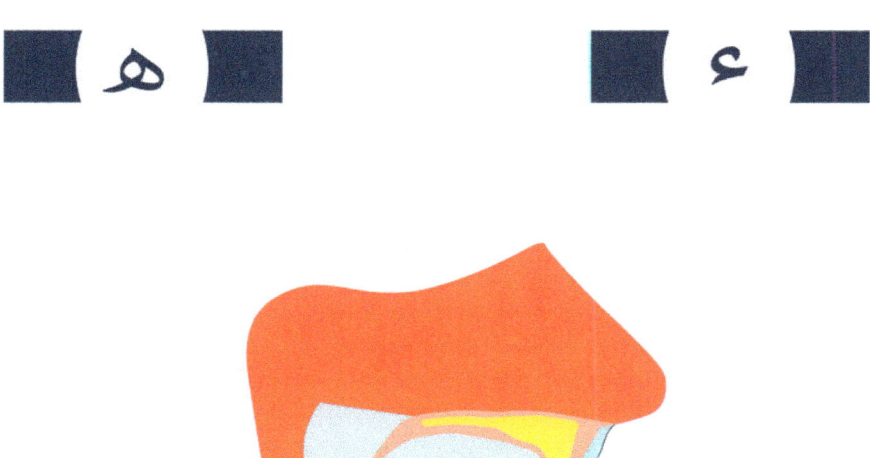

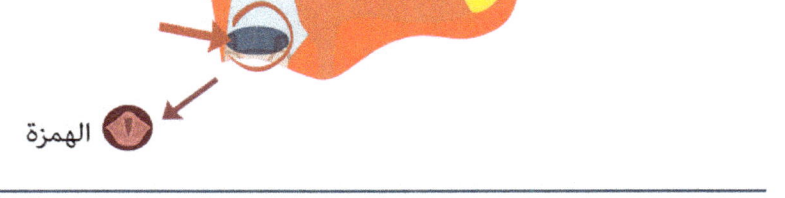

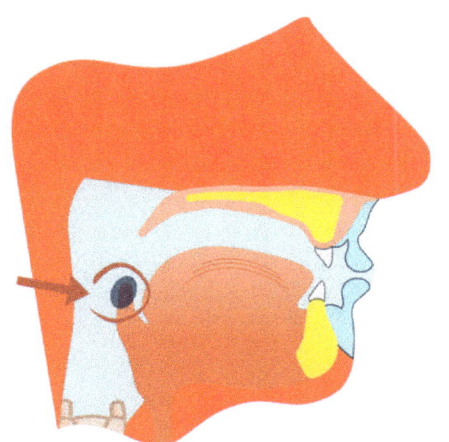

غ

خ

تَفْخِيمْ

ق

ك

تَفْخِيمْ

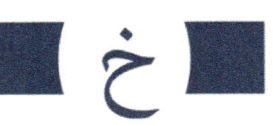

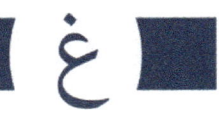

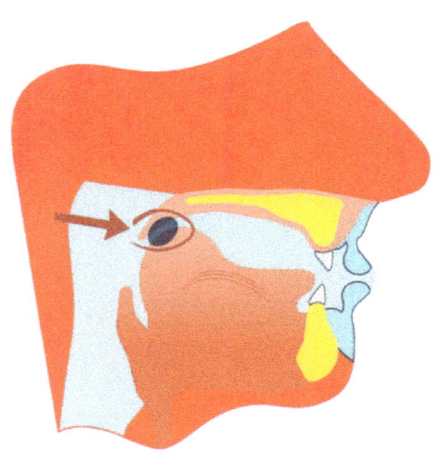

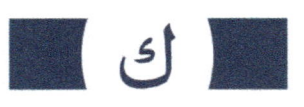

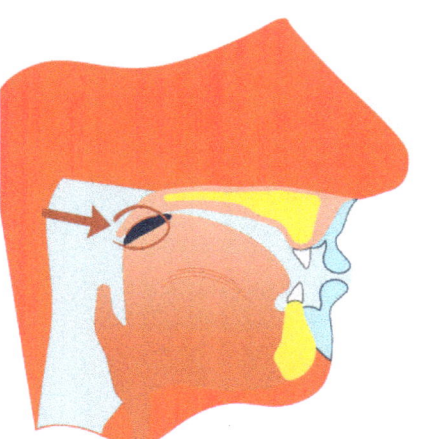

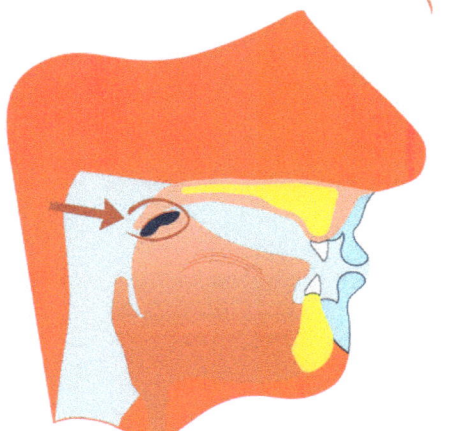

ش   ج

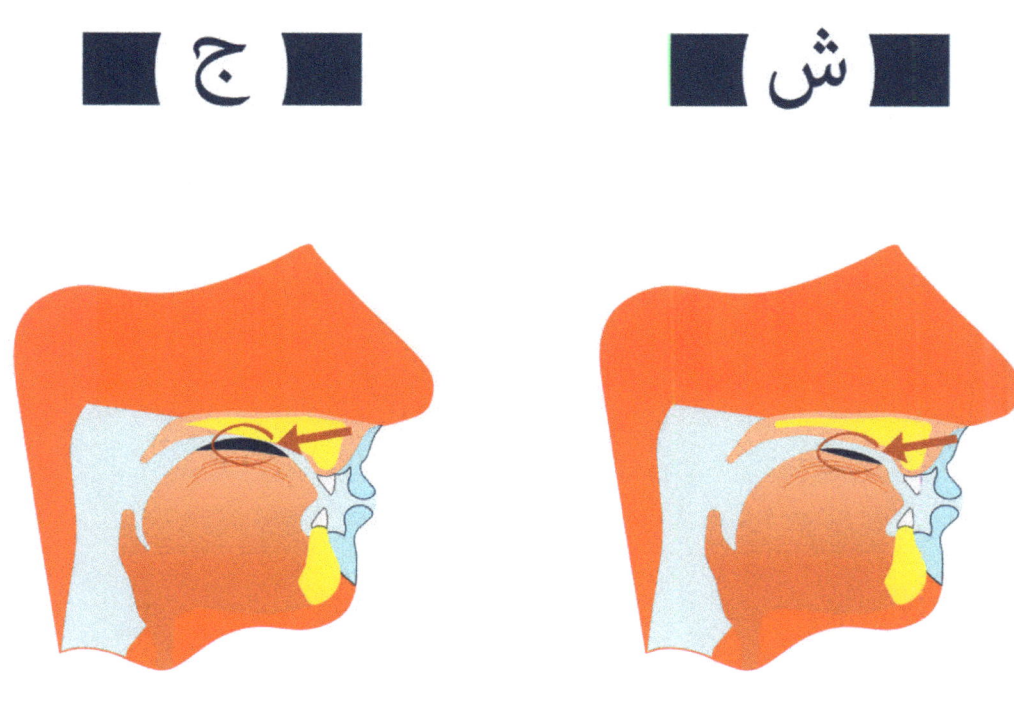

ي

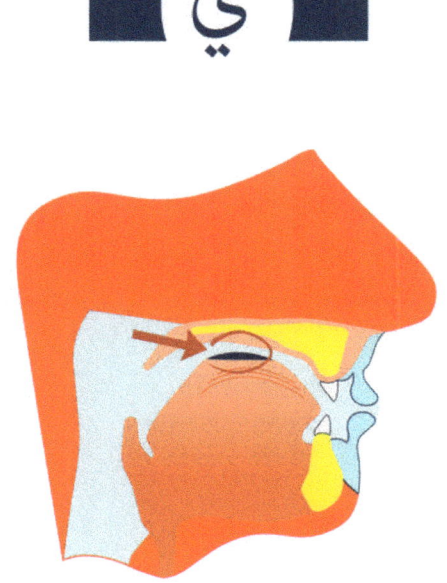

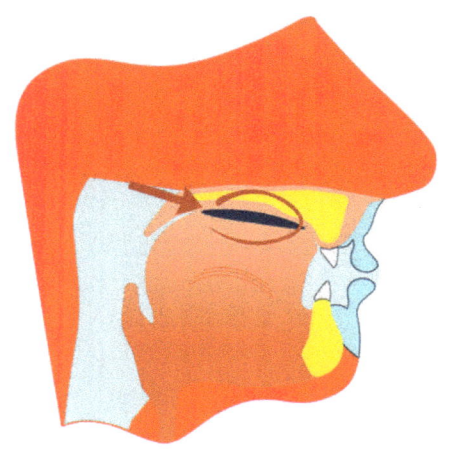

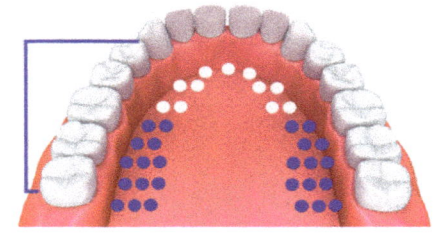

ض

تَفْخِيمٌ

●منطقة الضّغط و الاتكاء
○منطقة التّلامس

ل

تَفْخِيمٌ فِي كَلِمَةِ (الله)

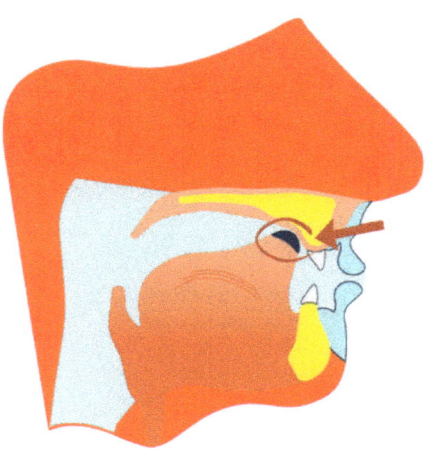

ر

⚠️ تَفْخِيمٌ

المُفَخَّمَةُ   المُرَقَّقَةُ

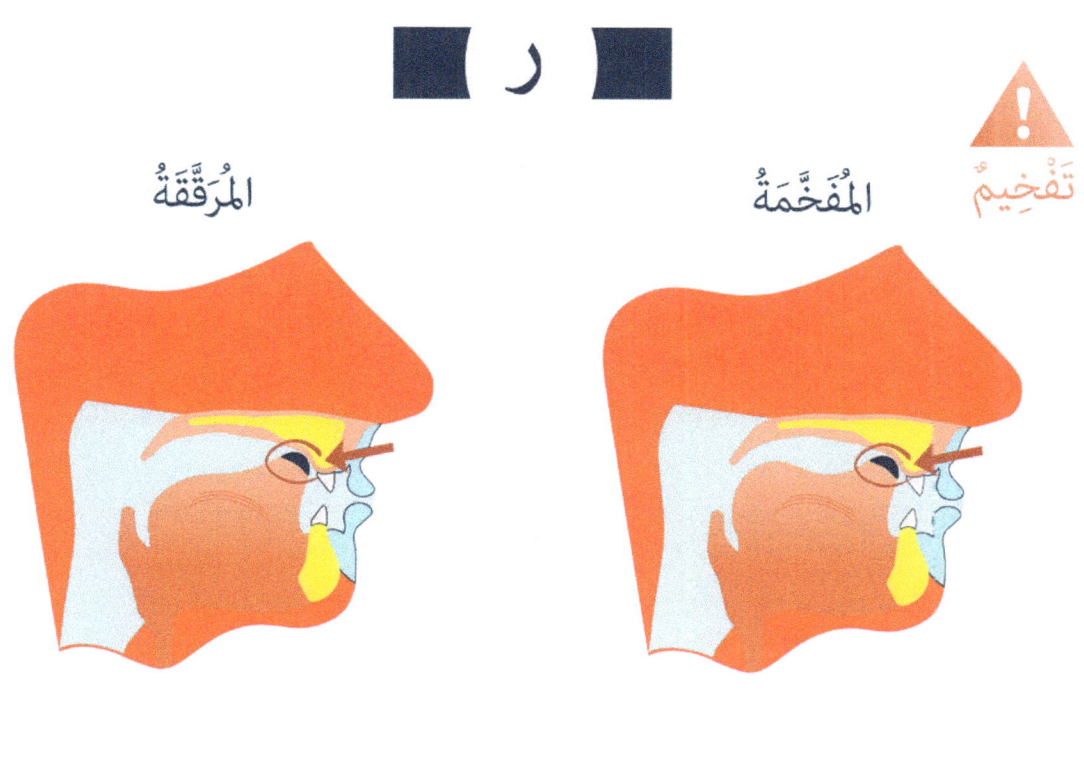

ن

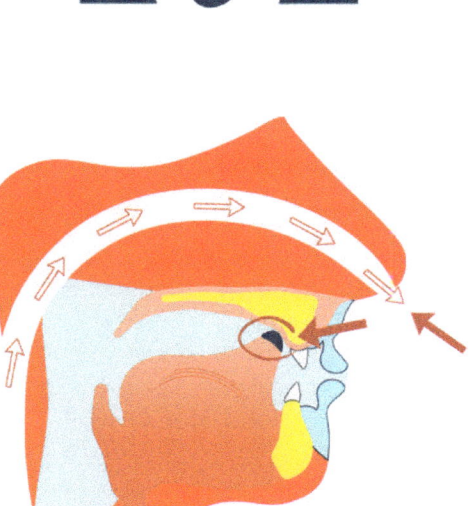

ت د

ط

تَفْخِيمٌ

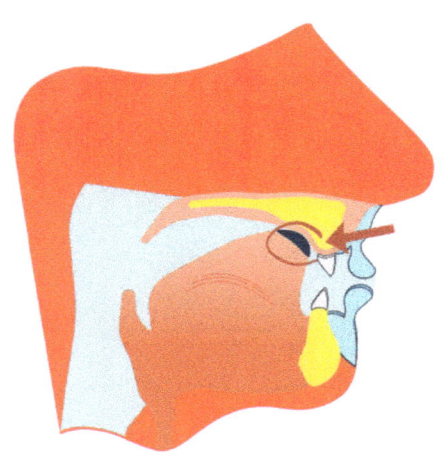

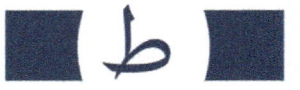

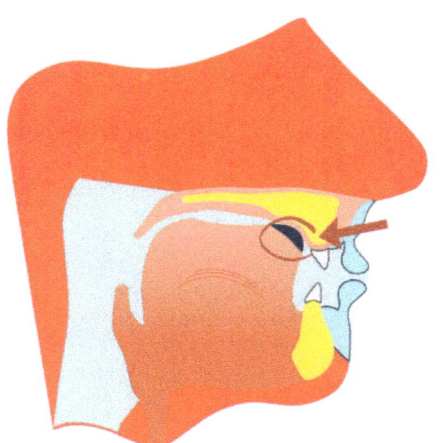

[ز] [س]

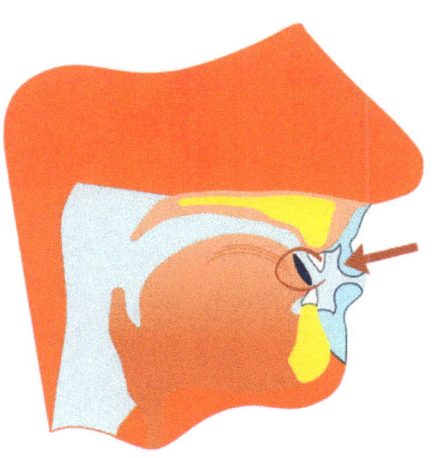

تَفْخِيمٌ

[ص]

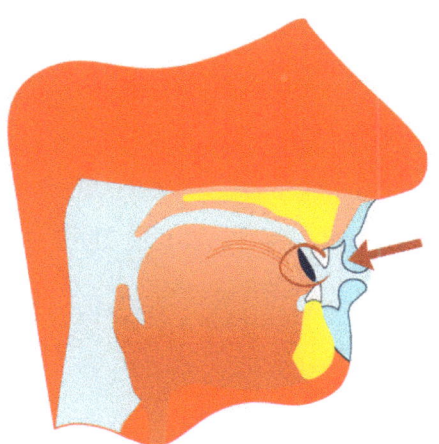

ذ ث

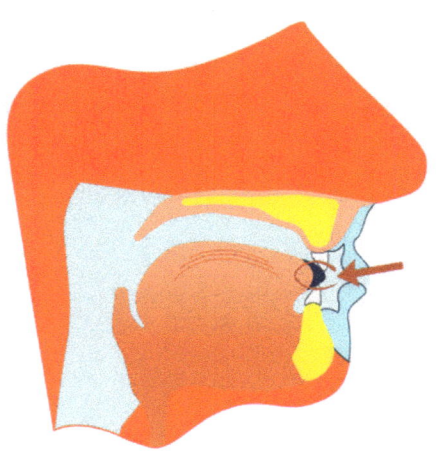

ظ

تَفْخِيمٌ

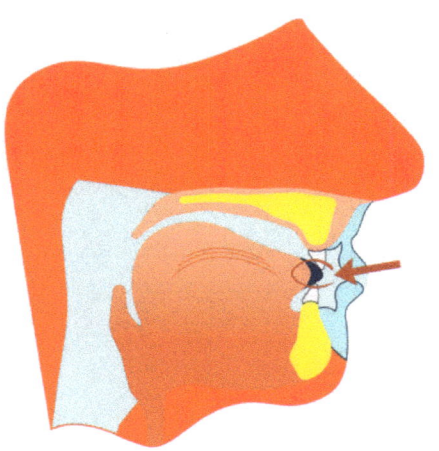

[ب] [م]

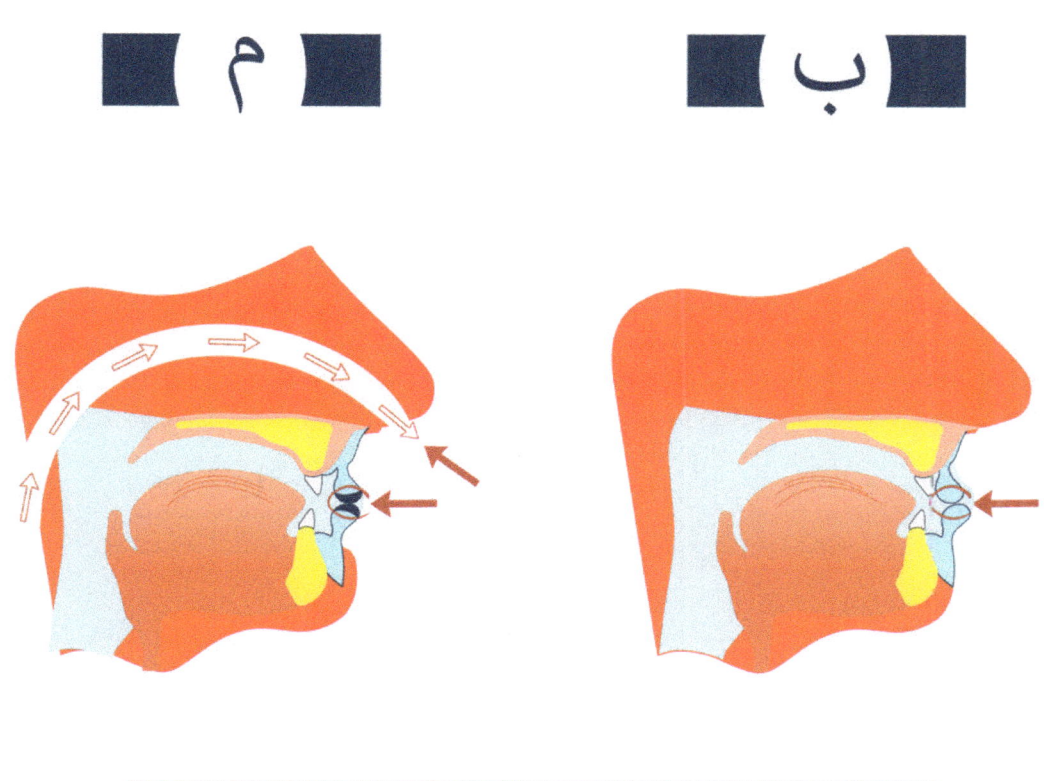

[ف] [و]

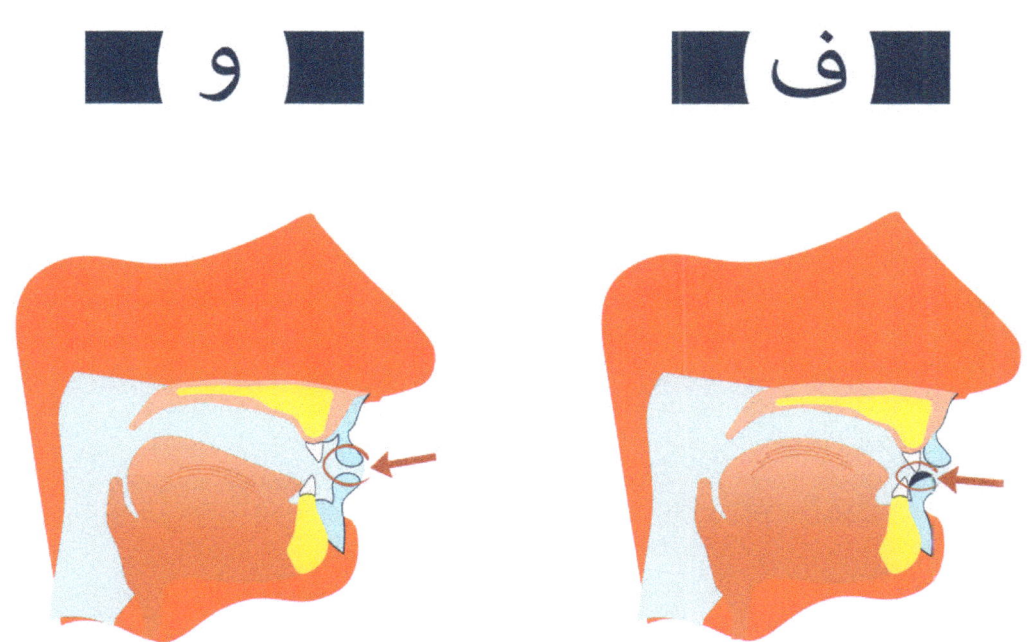

١٦

الدَّرْسُ الأَوَّلُ
الحُرُوفُ الهِجَائِيَةُ المُفْرَدَةُ

ألف ا	با ب	تا ت	ثا ث	جيم ج
حا ح	خا خ	دال د	ذال ذ	را ر
زا ز	سين س	شين ش	صاد ص	ضاد ض
طا ط	ظا ظ	عين ع	غين غ	فا ف
قاف ق	كاف ك	لام ل	ميم م	نون ن
ها ه	واو و	يا ى	همزة ء	

الدَّرْسُ الثَّانِي: الحُرُوفُ الهِجَائِيَةُ المُرَكَّبَة

مثال: ببب : با با با - تتت : تا تا تا - شكب : شين كاف با

ااا	ببب	تتت	ثثث	ججج
ححح	خخخ	ددد	ذذذ	ررر
ززز	سسس	ششش	صصص	ضضض
ططط	ظظظ	ععع	غغغ	ففف
ققق	ككك	للل	ممم	ننن
ههه	ووو	ييي	با	بث
تج	حث	خر	سا	شكب
سلد	مبت	نتم	شخص	ضبط
يها	ه	طه	كم	عز

حق	لك	غير	نف	عر
بس	ثمش	جص	خض	لذ
ية	يه	هو	تش	يس
ظن	قل	لو	يد	يذ
تى	نى	قا	فا	ضغ
ة	كذ	حش	خس	بى
مر	ما	فلم	ية	ت
ؤ	أ	هى	تبت	كنز
نلا	ضن	لح	لما	ئ
تفا	حتغ	غف	كى	ير

الدَّرْسُ الثَّالِثُ: الحَرَكَات

مثال: با فتحة بَ - با كسرة بِ - بَ بِ - با ضمة بُ - بَ بِ بُ

أَ	إِ	أُ	بَ	بِ	بُ	تَ	ةِ
تُ	ثَ	ثِ	ثُ	جَ	جِ	جُ	حَ
حِ	حُ	خَ	خِ	خُ	دَ	دِ	دُ
ذَ	ذِ	ذُ	رَ	رِ	رُ	زَ	زِ
زُ	سَ	سِ	سُ	شَ	شِ	شُ	صَ
صِ	صُ	ضَ	ضِ	ضُ	طَ	طِ	طُ
ظَ	ظِ	ظُ	عَ	عِ	عُ	غَ	غِ
غُ	فَ	فِ	فُ	قَ	قِ	قُ	كَ
كِ	كُ	لَ	لِ	لُ	مَ	مِ	مُ

نَ	نِ	نُ	هَ	هِ	هُ	وَ	وِ
وُ	ىَ	يِ	ىُ				

الدَّرْسُ الرَّابِعُ: التَّنْوِين

مثال: با فتحتين بَنْ - با كسرتين بِنْ - بَنْ بِنْ - با ضمتين بُنْ - بَنْ بِنْ بُنْ

ءً	ءٍ	ءٌ	بًا	بٍ	بٌ	ةً	تٍ
ةٌ	ثًا	ثٍ	ثٌ	جًا	جٍ	جٌ	حًا
حٍ	حٌ	خًا	خٍ	خٌ	دًا	دٍ	دٌ
ذًا	ذٍ	ذٌ	رًا	رٍ	رٌ	زًا	زٍ
زٌ	سًا	سٍ	سٌ	شًا	شٍ	شٌ	صًا
صٍ	صٌ	ضًا	ضٍ	ضٌ	طًا	طٍ	طٌ
ظًا	ظٍ	ظٌ	عًا	عٍ	عٌ	غًا	غٍ

غُ	فَا	فِ	فُ	قَا	قِ	قُ	كَا
كِ	كُ	لَا	لِ	لُ	مَا	مِ	مُ
نَا	نِ	نُ	هَا	هِ	هُ	وَا	وِ
وُ	يَا	يِ	يُ				

الدَّرْسُ الخَامِسُ: تَدْرِيبَاتٌ عَلَى الحَرَكَاتِ وَالتَّنْوِين

مثال: همزة فتحة أَ - حا فتحة حَ - أَحَ - دال ضمتين دُنْ - أَحَدٌ

أَحَدٌ	أُمَمٍ	أَزِفَةٍ	أَجَلٍ	بَشَرٍ	بَلَدًا
بَلَغَ	أَنَا	تَجِدَ	حُطَمَةٍ	حَكَمَ	حَرَجُ
حَسَنَةً	خَلَقَ	خُلِقَ	دُعِيَ	ذُكِرَ	رَهَقًا
رَجُلًا	رُسُلُ	خَشِيَ	خَطِفَ	سَلَفًا	شَطَطًا
صَلَحَ	ضَرَبَ	شَجَرَةٌ	طَبَقٍ	عَلِمَ	عَبَسَ

عَلَقٍ	عَمَدٍ	غَفَرَ	سَقَرَ	فَعَلَ	فُتِحَ
قَسَمُ	قِدَدًا	قُضِيَ	قَمَرُ	كَبُرَ	كَرِهَ
لَهَبٍ	مَثَلًا	مَعَكَ	نَظَرَ	نَزَلَ	نَصَرَ
هَرَبًا	قُرِئَ	وَلَدَ	وَعَدَ	نَسِيَ	عَلَقَةٍ

الدَّرْسُ السَّادِسُ: الحُرُوفُ السَّاكِنَة

مثال: همزة فتحة با سكون أَبْ - همزة كسرة با سكون إِبْ – أَبْ إِبْ -
همزة ضمة با سكون أُبْ – أَبْ إِبْ أُبْ

أَبْ	إِبْ	أُبْ	أَتْ	إِتْ	أُتْ	أَلْ	إِلْ
أُلْ	أَجْ	إِجْ	أُجْ	أَحْ	إِحْ	أُحْ	أَدْ
إِدْ	أُدْ	أَذْ	إِذْ	أُذْ	أَرْ	إِرْ	أُرْ
أَمْ	إِمْ	أُمْ	أَزْ	إِزْ	أُزْ	أَسْ	إِسْ

أُسْ	أَقْ	إِقْ	أُقْ	أَصْ	إِصْ	أُصْ	أَضْ
إِضْ	أُضْ	أَهْ	إِهْ	أُهْ	أَطْ	إِطْ	أُطْ
أَظْ	إِظْ	أُظْ					

الدَّرْسُ السَّابِعُ: تَدْرِيبَاتٌ عَلَى السُّكُون

مثال: نون فتحة فا سكون نَفْ - سين ضمتين سُنْ - سين ضمتين سُنْ

نَفْسٌ شَيْئًا عَيْنًا أَجْرٌ بَطْشًا لَوْحٍ

كَيْفَ يُسْرًا غَيْرُ عَبْدًا خَيْرٌ ضَبْحًا

قَدْحًا زَيْدٌ خَوْفٌ جَمْعًا جُمْلَةٌ بَعْدَ

صُبْحًا نَقْعًا إِهْدِ طِفْلٌ قَبْلَ تَحْتَ

يَشْرَبُ مُعْتَدٍ تَعْرِفُ أَذِنَتْ سُطِحَتْ

تَسْمَعُ رُفِعَتْ نُصِفَتْ أَنْقَضَ ذِكْرٌ

عَسْعَسَ نِصْفَهُ حُشِرَتْ سُئِلَتْ فَوْقَ
الْفَوْزُ يُبْدِئُ ظَهْرَكَ يَنْقَلِبُ أَحْسَنِ
ثَقُلَتْ مُؤْمِنٌ أَمْسِكْ مَصْلَحَةٍ أُقْسِمُ
أَوِانْقُصْ وَاهْجُرْهُمْ عَلَى الْغَيْبِ
ذُو الْعَرْشِ بِالْمَرْحَمَةِ عَهْدَ يَخْشَوْنَهُ
لَيْلَةُ الْقَدْرِ أَلَمْ نَشْرَحْ فَرَغْتَ فَانْصَبْ
هَلْ تَعْرِفُ رَأَيْتُ الْمَرْكَزَ أَطْلُبُ الْعِلْمَ

الدَّرْسُ الثَّامِن: حُرُوفُ المَدِّ

مثال: با فتحة ألف سكون با - با كسرة يا سكون بِي - با بي -
با ضمة واو سكون بو - با بي بو

ءَا	إِى	أُوا	بَا	بِى	بُوا	تَا	تِى

تُوا	ثَا	ثِي	ثُوا	جَا	جِي	جُوا	حَا
حِي	حُوا	خَا	خِي	خُوا	دَا	دِي	دُوا
ذَا	ذِي	ذُوا	رَا	رِي	رُوا	زَا	زِي
زُوا	سَا	سِي	سُوا	شَا	شِي	شُوا	صَا
صِي	صُوا	ضَا	ضِي	ضُوا	طَا	طِي	طُوا
ظَا	ظِي	ظُوا	عَا	عِي	عُوا	غَا	غِي
غُوا	فَا	فِي	فُوا	قَا	قِي	قُوا	كَا
كِي	كُوا	لَا	لِي	لُوا	مَا	مِي	مُوا
نَا	نِي	نُوا	هَا	هِي	هُوا	وَا	وِي
وُوا	يَا	يِي	يُوا				

الدَّرْسُ التَّاسِعُ: تَدْرِيبَاتٌ عَلَى المَدّ

مثال: همزة فتحة أَ - عين ضمة واو سكون عُو - أَعُو - ذال ضمة ذُ - أَعُوذُ

أَعُوذُ	أَكِيدُ	بَصِيرًا	تَعْبُدُونَ الجَحِيمُ
الْجِبَالُ	حَدِيثٌ حِينُ	رَسُولُ	زِلْزَالَهَا
شَهِيدٍ	قَالَ قَرَارٍ قَلِيلًا	كِرَامٍ كُلُوا زَكَاةٌ
عَائِلًا	عَسِيرٌ غَاسِقٍ شَاهِدٍ	أَوْتَادًا
صُدُورٍ ضَرِيعٍ	طَعَامٌ	كَانَ لِسَانًا عَادَةٌ
مَشْهُودٍ	مَسْرُورًا	وَاجِفَةٌ وُجُوهٌ صَدِيقٌ
يَدْخُلُونَ يَذُوقُونَ	أُسْتَاذٌ	مَسْئُولٍ يَتِيمًا
يَخَافُ فِي جِيدِهَا	أَحَادِيثُ الأَحْكَامُ
جَعَلْنَا عَقِيدَةٌ	مِنْهَاجٌ دِينٌ طَارِقٌ طَرِيقٌ

الدَّرْسُ العَاشِر: الحُرُوفُ المُشَدَّدَة

مثال: همزة فتحة با شدة أَبّ - با فتحة بَ - أَبَّ - همزة فتحة با شدة أَبّ -
با كسرة بِ - أَبِّ - همزة فتحة با شدة أَبّ - با ضمة بُ - أَبُّ

أَبَّ	أَبِّ	أَبُّ	أَبًّا	أَبٍّ	أَبٌّ	أَتَّ	أَتِّ
أَتُّ	أَتًّا	أَتٍّ	أَتٌّ	أَثَّ	أَثِّ	أَثُّ	أَثًّا
أَثٍّ	أَثٌّ	أَجَّ	أَجِّ	أَجُّ	أَجًّا	أَجٍّ	أَجٌّ
أَحَّ	أَحِّ	أَحُّ	أَحًّا	أَحٍّ	أَحٌّ	أَخَّ	أَخِّ
أَخُّ	أَخًّا	أَخٍّ	أَخٌّ	أَدَّ	أَدِّ	أَدُّ	أَدًّا
أَدٍّ	أَدٌّ	أَذَّ	أَذِّ	أَذُّ	أَذًّا	أَذٍّ	أَذٌّ

الدَّرْسُ الحَادِي عَشَر: تَدْرِيبَاتٌ عَلَى الشَّدَّة

مثال: همزة فتحة خا شدة أَخّ - خا فتحة خَ - أَخَّ - را فتحة رَ - أَخَّرَ

أَخَّرَ أَلَّفَ عَظَّمَ عَجَّلَ يَمُرُّ يَدُعُّ وُدِّى

اِسْتَمَرَّ تَلَقَّى قِصَّةُ الَّذِى زَيَّنُوا حَتَّى
يُيَسِّرُ طَيِّبُ اِهْتَمَّ مُؤَلِّفُ عَامَّةُ تَدَيَّرَ
تَضَرَّمَ تَبَسَّمَ تَوَكَّلَ إِيَّاكَ الْمُدَّثِّرُ الْمُزَّمِّلُ
اللِّصُّ ضَرُّ كَلَّا يَشُمُّ يَظُنُّ حَجُّ بِبَطٍّ
حَقًّا حُبًّا خَطُّ بِخَطٍّ ثُمَّ أَوَّلًا فَإِنَّهُ كُلُّ
كَبَّــرَ وَحَّدَ هَلَّلَ جَنَّبَ إِيَّاكُمْ وَالظَّنَّ
السُّنَّةُ تُفَسِّرُ القُرْآنَ وتُبَيِّنُهُ وَتَدُلُّ عَلَيْهِ
التَّحِيَّــاتُ لِلَّهِ وَالصَّلَــوَاتُ وَالطَّيِّبَــاتُ
اللَّهُــمَّ صَلِّ وَسَــلِّمْ عَلَــى نَبِيِّنَــا مُحَمَّدٍ
الدَّرْسُ الثَّانِي عَشَر: الَّامُ القَمَرِيَّة وَالَّامُ الشَّمْسِيَّة

اللَّامُ القَمَرِيَّة: أ ب ج ح خ ع غ ف ق ك هـ م و ي	أَرْضٌ الْأَرْضُ

بَابٌ الْبَابُ جِبَالٌ الْجِبَالُ حَبْلٌ الْحَبْلُ خَشَبٌ

الْخَشَبُ عُمْرَةٌ الْعُمْرَةُ غَرَضٌ الْغَرَضُ فِيلٌ

الْفِيلُ قَلَمٌ الْقَلَمُ كِتَابٌ الْكِتَابُ هُدْهُدٌ

الْهُدْهُدُ مَوْزٌ الْمَوْزُ وِتْرٌ الْوِتْرُ يَدٌ الْيَدُ

اللَّامُ الشَّمْسِيَّة: ت ث د ذ ر ز س ش ص ض ط ظ ل ن	تَمْرٌ

التَّمْرُ ثَلْجٌ الثَّلْجُ دَفْتَرٌ الدَّفْتَرُ ذُبَابٌ الذُّبَابُ

رَحْمَةٌ الرَّحْمَةُ زَهْرَةٌ الزَّهْرَةُ سَاعَةٌ السَّاعَةُ

شِمَاغٌ الشِّمَاغُ صَوْتٌ الصَّوْتُ ضَابِطٌ الضَّابِطُ

طَائِرَةٌ الطَّائِرَةُ ظَهْرٌ الظَّهْرُ لِسَانٌ اللِّسَانُ نَارٌ النَّارُ

الدَّرْسُ الثَّالِثَ عَشَر: تَدْرِيبَاتٌ عَلَى القِرَاءَة

قَالَ النَّبِيُّ ﷺ: "مَنْ سَلَكَ طَرِيقاً يَلْتَمِسُ فِيهِ عِلْماً؛ سَهَّلَ اللَّهُ لَهُ بِهِ طَرِيقاً إِلَى الْجَنَّةِ". رَوَاهُ مُسْلِمٌ

قَالَ النَّبِيُّ ﷺ: «مَنْ يُرِدِ اللَّهُ بِهِ خَيْراً؛ يُفَقِّهْهُ فِي الدِّينِ». مُتَّفَقٌ عَلَيْهِ

قَالَ النَّبِيُّ ﷺ: "إِذَا مَاتَ الإِنْسَانُ انْقَطَعَ عَمَلُهُ إِلَّا مِنْ ثَلَاثَةٍ: إِلَّا مِنْ صَدَقَةٍ جَارِيَةٍ، أَوْ عِلْمٍ يُنْتَفَعُ بِهِ، أَوْ وَلَدٍ صَالِحٍ يَدْعُو لَهُ". رَوَاهُ مُسْلِمٌ

قَالَ النَّبِيُّ ﷺ: «خَيْرُكُمْ مَنْ تَعَلَّمَ الْقُرْآنَ وَعَلَّمَهُ». رَوَاهُ الْبُخَارِيُّ

قَالَ النَّبِيُّ ﷺ: "اقْرَؤُوا الْقُرْآنَ؛ فَإِنَّهُ يَأْتِي يَوْمَ الْقِيَامَةِ شَفِيعاً لِأَصْحَابِهِ". رَوَاهُ مُسْلِمٌ

قَالَ النَّبِيُّ ﷺ: « إِنَّ اللَّهَ قَالَ: مَنْ عَادَى لِي وَلِيّاً؛ فَقَدْ آذَنْتُهُ بِالحَرْبِ». رَوَاهُ الْبُخَارِيُّ

قَالَ النَّبِيُّ ﷺ: «مَثَلُ الَّذِي يَذْكُرُ رَبَّهُ وَالَّذِي لَا يَذْكُرُ رَبَّهُ، مَثَلُ الْحَيِّ وَالْمَيِّتِ». مُتَّفَقٌ عَلَيْهِ

قَالَ النَّبِيُّ ﷺ: «سَبَقَ الْمُفَرِّدُونَ، قَالُوا: وَمَا الْمُفَرِّدُونَ يَا رَسُولَ اللَّهِ؟ قَالَ: الذَّاكِرُونَ اللَّهَ كَثِيراً، وَالذَّاكِرَاتُ». رَوَاهُ مُسْلِمٌ

قَالَ النَّبِيُّ ﷺ: «وَمَا اجْتَمَعَ قَوْمٌ فِي بَيْتٍ مِنْ بُيُوتِ اللَّهِ، يَتْلُونَ كِتَابَ اللَّهِ، وَيَتَدَارَسُونَهُ بَيْنَهُمْ؛ إِلَّا نَزَلَتْ عَلَيْهِمُ السَّكِينَةُ، وَغَشِيَتْهُمُ الرَّحْمَةُ، وَحَفَّتْهُمُ الْمَلَائِكَةُ، وَذَكَرَهُمُ اللَّهُ فِيمَنْ عِنْدَهُ». رَوَاهُ مُسْلِمٌ

قَالَ النَّبِيُّ ﷺ: «قَالَ اللَّهُ تَبَارَكَ وَتَعَالَى: أَنَا أَغْنَى الشُّرَكَاءِ عَنِ الشِّرْكِ، مَنْ عَمِلَ عَمَلاً أَشْرَكَ فِيهِ مَعِي غَيْرِي، تَرَكْتُهُ وَشِرْكَهُ». رَوَاهُ مُسْلِمٌ

عَنْ أُمِّ الْمُؤْمِنِينَ أُمِّ عَبْدِ اللَّهِ، عَائِشَةَ رَضِيَ اللَّهُ عَنْهَا قَالَتْ: قَالَ رَسُولُ اللَّهِ ﷺ: « مَنْ أَحْدَثَ فِي أَمْرِنَا هَذَا مَا لَيْسَ مِنْهُ؛ فَهُوَ رَدٌّ». رَوَاهُ الْبُخَارِيّ وَمُسْلِمٌ ،
وَفِي رِوَايَةٍ لِمُسْلِمٍ: «مَنْ عَمِلَ عَمَلًا لَيْسَ عَلَيْهِ أَمْرُنَا، فَهُوَ رَدٌّ»

قَالَ النَّبِيُّ ﷺ: «كُلُّ مُصوِّرٍ فِي النَّارِ، يَجْعَلُ(١) لَهُ بِكُلِّ صُورَةٍ صَوَّرَهَا نَفْساً فَتُعَذِّبُهُ فِي جَهَنَّمَ». رَوَاهُ مُسْلِمٌ

(١) أي: اللَّهُ

قَالَ النَّبِيُّ ﷺ: «أحَبُ الْكَلَامِ إِلَى اللَّهِ أَرْبَعٌ: سُبْحَانَ اللَّهِ، وَالْحَمْدُ لِلَّهِ، وَلَا إِلَهَ إِلَّا اللَّهُ، وَاللَّهُ أَكْبَرُ، لَا يَضُرُّكَ بِأَيِّهِنَّ بَدَأْتَ». رَوَاهُ مُسْلِمٌ

قَالَ النَّبِيُّ ﷺ: «مَنْ رَأَى مِنْكُمْ مُنْكَراً فَلْيُغَيِّرْهُ بِيَدِهِ، فَإِنْ لَمْ يَسْتَطِيعْ فَبِلِسَانِهِ، فَإِنْ لَمْ يَسْتَطِيعْ فَبِقَلْبِهِ، وَذَلِكَ أَضْعَفُ الإِيمَانِ» رَوَاهُ مُسْلِمٌ

عَنْ أَمِيرِ الْمُؤْمِنِينَ أَبِي حَفْصٍ عُمَرَ بْنِ الخَطَّابِ رَضِيَ اللَّهُ عَنْهُ قَالَ: سَمِعْتُ رَسُولَ اللَّهِ ﷺ يَقُولُ: «إِنَّمَا الأَعْمَالُ بِالنِّيَّاتِ، وَإِنَّمَا لِكُلِّ امْرِئٍ مَا نَوَى، فَمَنْ كَانَتْ هِجْرَتُهُ إِلَى اللَّهِ وَرَسُولِهِ فَهِجْرَتُهُ إِلَى اللَّهِ وَرَسُولِهِ، وَمَنْ كَانَتْ هِجْرَتُهُ لِدُنْيَا يُصِيبُهَا أَوِ امْرَأَةٍ يَنْكِحُهَا فَهِجْرَتُهُ إِلَى مَا هَاجَرَ إِلَيْهِ».

رَوَاهُ إِمَامَا المُحَدِثِينَ:

أَبُو عَبْدِ اللَّهِ، مُحَمَّدُ بْنُ إِسْمَاعِيلَ بْنِ إِبْرَاهِيمَ بْنِ المُغِيرَةِ بْنِ بَرْدِزْبَه البُخَارِيُّ، وَأَبُو الحَسَيْنِ مُسْلِمُ بْنُ الحَجَّاجِ بْنِ مُسْلِمٍ القُشَيْرِيُّ النَّيْسَابُورِيُّ: فِي صَحِيحَيْهِمَا اللَّذَيْنِ هُمَا أَصَحُّ الكُتُبِ المُصَنَّفَةِ.

فهرس

الحُرُوفُ العَرَبِيَّةُ مُوَزَّعَةٌ عَلَى مَخارِجِهَا ٧
الدَّرْسُ الأَوَّلُ: الحُرُوفُ الهِجَائِيَةُ المُفْرَدَة ١٧
الدَّرْسُ الثَّانِي: الحُرُوفُ الهِجَائِيَةُ المُرَكَّبَة ١٨
الدَّرْسُ الثَّالِثُ: الحَرَكَات ٢٠
الدَّرْسُ الرَّابِعُ: التَّنْوِين ٢١
الدَّرْسُ الخَامِسُ: تَدْرِيبَاتٌ عَلَى الحَرَكَاتِ وَالتَّنْوِين ٢٢
الدَّرْسُ السَّادِس: الحُرُوفُ السَّاكِنَة ٢٣
الدَّرْسُ السَّابِعُ: تَدْرِيبَاتٌ عَلَى السُّكُون ٢٤
الدَّرْسُ الثَّامِن: حُرُوفُ المَدِّ ٢٥
الدَّرْسُ التَّاسِع: تَدْرِيبَاتٌ عَلَى المَدّ ٢٧
الدَّرْسُ العَاشِر: الحُرُوفُ المُشَدَّدَة ٢٨
الدَّرْسُ الحَادِي عَشَر: تَدْرِيبَاتٌ عَلَى الشَّدَّة ٢٨
الدَّرْسُ الثَّانِي عَشَر: الَّامُ القَمَرِيَّة وَالَّامُ الشَّمْسِيَّة ٢٩
الدَّرْسُ الثَّالِثَ عَشَر: تَدْرِيبَاتٌ عَلَى القِرَاءَة ٣١
فهرس ٣٤

٣٤